Markus Wiesenauer · **Homöopathie –**
ein individueller, schonender
Weg zur Heilung

Homöopathie –

ein individueller, schonender
Weg zur Heilung

Eine allgemeinverständliche
und kurzgefaßte Einführung
von Markus Wiesenauer

Paracelsus Verlag GmbH

CIP-Kurztitelaufnahme der Deutschen Bibliothek

Wiesenauer, Markus
Homöopathie : e. individueller, schonender
Weg zur Heilung ; e. allgemeinverständl.
u. kurzgef. Einf. –
1. Aufl. – Stuttgart : Paracelsus-Verlag, 1978

Umschlagabbildung: Adonisröschen

ISBN 3-7899-0058-3

 Einbandentwurf: Bruno Feuerbacher. Satz: Fotosatz Sauter, 7334 Süßen. Druck: Druckerei P. Schäuble, 7000 Stuttgart 1.

Inhalt

Geleitwort

Über vielen Apotheken stehen zwei Worte: »Allopathie« und »Homöopathie«. Der Betrachter spürt, daß es sich hier um Gegensätze handelt, auch wenn er die Begriffe nicht eindeutig zu definieren vermag.

Der moderne Trend zur Homöopathie kommt nicht von ungefähr. Er schließt auch die Naturheilkunde und die Pflanzenheilkunde mit ein. Häufig ist der einzelne nicht in der Lage, hier sachgemäß zu unterscheiden. Deshalb ist es von Bedeutung, daß diese Begriffe in der Bevölkerung eine weitere Abklärung erfahren.

Für die Homöopathie geschieht das mit dem vorliegenden Büchlein. So ist ihm eine weite Verbreitung zu wünschen.

Frühjahr 1978 *Dr. Gunther Seng*

I Homöopathie – ein individueller, schonender Weg zur Heilung

Gerade in den letzten Jahren ist der Bevölkerung die Bedeutung der Gesundheitserhaltung mehr und mehr klar geworden. Das Thema gesunde Lebensweise steht zunehmend im Mittelpunkt des Interesses. Damit wird auch den Maßnahmen, die der Erhaltung und Förderung der Gesundheit dienen, ein immer höherer Wert zugesprochen. Schließlich ist die Gesundheit eine der Lebensgrundlagen: Fühlt man sich wohl, ist man aktiver, vitaler und vermag die Anforderungen des Lebens leichter zu erfüllen.

Andererseits läßt dieses Wissen um den Wert der Gesundheit die Tendenz verständlich erscheinen, die sich in zunehmendem Maße durchsetzt: Viele Patienten wechseln über zu einer auf natürliche Weise heilenden Therapie, zu den Methoden der Naturheilkunde. Dazu gehören insbesondere die Anwendung von Luft und Sonne, Massagen, *Kneipp*kuren und als Arzneitherapie die Homöopathie.

Begründer der homöopathischen Heilmethode ist der Arzt Dr. *Samuel Hahnemann.* Seine Lehre beinhaltet eine besondere Auffassung von Krankheit und Heilung.

Die homöopathische Behandlung wendet sich an den Menschen in seiner Gesamtheit. Nicht die einzelne kranke Zelle wird behandelt, sondern der kranke Mensch, dessen Persönlichkeit und Eigenheiten werden mitberücksichtigt. Im Vordergrund steht somit der Patient als Einzelner, als Besonderer mit seinen körperlichen und seelischen Beschwerden. Die gesundheitliche Verfassung ist individuell geprägt, was auch die unterschiedliche Anfälligkeit erklärt. Jeder Mensch ist im Laufe seines Lebens einer Vielzahl von schädigenden Reizen ausgesetzt, gegen die sich der Organismus zur Wehr setzen muß. Die Einflüsse können vielfältiger Art sein – etwa übermäßige körperliche Beanspruchung, seelische Belastungen, Umweltgifte oder eine unzweckmäßige Ernährungsweise. Diesen Reizen vermag sich der Körper bis zu einem gewissen Grad zu widersetzen. Es kommt zu einer Abwehr der Schadstoffe, indem die körpereigenen Heilkräfte aktiviert werden.

Gelingt es dem Organismus nur teilweise, die Störfaktoren auszugleichen, führen sie zu einer funktionellen Störung. Sie kann man gewissermaßen als »Betriebsstörung« bezeichnen: der Körper befindet sich in erhöhter Abwehrstellung. Es äußert sich in allgemeinem Unwohlsein, Frösteln, Hitzegefühl, wandernden Schmerzen und ähnlichem: »Man *fühlt* sich krank«. Dabei wird bereits deutlich, daß eine solche Störung einen doch sehr unterschiedlichen und damit individuellen Verlauf nimmt. Werden die störenden Einflüsse größer und kann der Organismus die Abwehr äußerer Reize und Fremdstoffe nicht mehr selbst aufrechterhalten, so tritt der Zustand ein, der als »echte Krankheit« bezeichnet wird. Was der Patient vorher – bei den funktionellen Störungen – lediglich mit »sich krank fühlen« umschrieben hat, ist jetzt eingetreten: »man *ist* krank«. Die Krankheitssymptome sind letztlich die körpereigenen Reaktionen auf äußere, schädigende Einflüsse.

Das klassische Beispiel für ein Krankheitssymptom ist das Fieber. Temperatursteigerungen werden ausgelöst durch Reize, insbesondere durch Giftstoffe, wie sie Bakterien im Körper enststehen lassen. Ursache des Fiebers sind also die eingedrungenen Erreger. Ihre Vermehrung wird deutlich gehemmt, wenn die Körpertemperatur schon um zwei Grad angehoben wird. Das Fieber als Reaktion des Organismus wird damit verständlich.

Auch die Beschwerden, die mit dem Fieberzustand verbunden sind, haben ihre Bedeutung: Mattigkeit, Glieder- und Kopfschmerzen, Schwindelgefühl zwingen den Kranken im Bett zu bleiben, um die Krankheit – ohne weitere Belastungen des Körpers – auszuheilen.

Neuere Forschungen geben diese Darstellung über den Krankheitsbegriff und bestätigen zugleich, was vor annähernd zwei Jahrhunderten *Hahnemann* in der Sprache seiner Zeit ausdrückte:

»Einzig die krankhaft gestimmte Lebenskraft bringt die Krankheiten hervor«, wobei »die unseren Sinnen wahrnehmbare Krankheits-Äußerung zugleich alle innere Veränderung« bedeutet.

Die homöopathische Arzneitherapie ihrerseits wird diesem Geschehen im Organismus gerecht. Denn die Arznei unterstützt die Heilvorgänge im Sinne einer Regulationstätigkeit. Sie regt die Selbstheilkräfte an, ordnet diese Heilungsbestrebungen, um dadurch die Gesundung herbeizuführen.

Wer die Homöopathie anzuwenden versteht, eröffnet sich große therapeutische Möglichkeiten, wird aber ihre naturgemäßen Grenzen nicht übersehen. Entsprechend dem Wirkprinzip lassen sich akute und chronische Erkrankungen mit homöopathischen Mitteln behandeln. Ein weiteres, ebenso umfangreiches Aufgabengebiet hat die Homöopathie bei der Vorbeugung und der Nachbehandlung von Krankheiten.

Keine Therapie kommt der Forderung nach einer schnellen, sanften und dauerhaften Heilung näher als die Homöopathie.

Dr. med. Samuel Hahnemann (1755–1843)
ist der Gründer der homöopathischen Heilweise.

II Geschichtlicher Rückblick

Um die Homöopathie kennen zu lernen und zu verstehen, muß man sich zunächst mit der Geschichte ihrer Entstehung beschäftigen. Sie führt in das Wesen und damit in die Grundlagen der Heilmethode ein.

Samuel Hahnemann wurde am 10. April 1755 in Meissen/ Sachsen als Sohn eines Porzellanmalers geboren. Dort besuchte er die berühmte Fürstenschule St. Afra, um dann im Alter von zwanzig Jahren sein Medizinstudium in Leipzig zu beginnen. Seinen Lebensunterhalt verdiente er sich durch Übersetzungen von wissenschaftlichen Büchern, was zu seinen umfassenden Kenntnissen mit beitrug.

Nach seinem Doktorexamen, das er 1779 in Erlangen ablegte, beschäftigte er sich neben der Medizin weiterhin mit chemischen und pharmazeutischen Studien. Wegen seiner zahlreichen und wertvollen Arbeiten gehörte *Hahnemann* zu den bekanntesten Chemikern seiner Zeit. Bereits in diesen Jahren entstand ein vierbändiges Apothekerlexikon, dessen Angaben heute noch Grundlage des Homöopathischen Arzneibuches sind.

Die Behandlungsmethoden, wie sie für die damalige Medizin typisch waren, forderten *Hahnemanns* Kritik heraus. Sie bestanden aus einer übertriebenen Anwendung von Abführ- und Brechmitteln, von Aderlässen und Schmierkuren. Er mißbilligte diese Art der Verschreibung, die keine Aussage über die Wirkung der Einzelstoffe erlaubte. So fand sein zunehmendes Interesse die Erforschung einzelner Substanzen.

Bei der Übersetzung eines medizinischen Buches des schottischen Arztes *William Cullen* stieß *Hahnemann* auf den Hinweis, die Chinarinde bei der Behandlung von Wechselfieber einzusetzen. Daraufhin stellte er an sich selbst ein Experiment an. *Hahnemann* nahm – ohne Fieber zu haben – größere Mengen der Chinarinde ein, worauf er an sich Symptome feststellen konnte, wie sie für Wechselfieber charakteristisch sind.

Der Selbstversuch *Hahnemanns* mit der Chinarinde im Jahre 1790 kann als erste *Arzneimittelprüfung* bezeichnet werden.

Dieser Beobachtung schlossen sich weitere Versuche an. Erst sechs Jahre später trat *Hahnemann* mit seinen inzwischen gewonnenen Erfahrungen vor die ärztliche Welt. In *Hufelands* Journal, einer zu jener Zeit weit bekannten Ärzteschrift, erschien seine Arbeit unter dem Titel »Versuch über ein neues Prinzip zur Auffindung der Heilkräfte der Arzneisubstanzen«. Darin wird beschrieben, daß mit Hilfe einer Regel, der sogenannten *Ähnlichkeitsregel,* das jeweilige Arzneimittel gefunden werden kann. Und damit wird von den Medizinhistorikern 1796 als offizielles Gründungsjahr der homöopathischen Heilmethode genannt.

Das Ergebnis von 27 Arzneimittelprüfungen erschien 1805. In den darauffolgenden Jahren prüfte *Hahnemann* weitere Substanzen, deren Resultat in einem sechs Bände umfassenden Werk, der *Reinen Arzneimittellehre,* veröffentlicht wurde.

Das grundlegende Werk der Homöopathie entstand im Jahre 1810: *Organon der rationellen Heilkunde,* in den weiteren Auflagen ab 1819 dann *Organon der Heilkunst* genannt. Die Ausführungen sind in Paragraphen aufgegliedert und geben präzise Anweisungen zur Anwendung der Lehre.

»Der Arzt hat kein höheres Ziel als kranke Menschen gesund zu machen, was man Heilen nennt«, heißt es im ersten Paragraphen, der bezeichnend für die Person *Hahnemanns* ist.

Ab 1812 hielt *Hahnemann* Vorlesungen an der Leipziger Medizinischen Fakultät, die seinen Ruf weiter verbreiteten. In Köthen, wohin er 1821 übersiedelte, erfuhr die Homöopathie zunehmende Anerkennung. Die Grundlagen der Methode wurden nach und nach vervollständigt. Denn die intensive und vor allem praktische Beschäftigung mit den Arzneimitteln hatte *Hahnmann* gezeigt, daß die Substanzen durch ein besonderes Zubereitungsverfahren, der Potenzierung, eine veränderte Wirkung, ja sogar eine Wirkungssteigerung erkennen lassen. Diese Erfahrungen führten zur Schaffung einer *Dosierungslehre*.

Mit seiner zweiten Frau, *Melanie d'Hervilly,* verbrachte *Hahnemann* seinen letzten und zugleich ruhmvollsten Lebensabschnitt in Paris, wo er bis zu seinem Tode am 2. Juli 1843 noch eine umfangreiche Praxis geführt hatte.

III Grundlagen der Homöopathie

A Die Ähnlichkeitsregel

Similia similibus curentur – Ähnliches werde durch Ähnliches geheilt – diese Regel ist als der Leitsatz der homöopathischen Medizin zu verstehen. Damit hängt auch die Bezeichnung »Homöopathie« zusammen: homoion pathos kommt aus dem Griechischen und bedeutet ähnliches Leiden. Die Ähnlichkeitsregel selbst stellt eine praktische Anweisung dar, nach welcher das homöopathische Mittel seine Anwendung findet.

Man »wende in der zu heilenden Krankheit dasjenige Arzneimittel an, welches eine andere, möglichst ähnliche, künstliche Krankheit zu erregen imstande ist, und jene wird geheilt werden« lehrt *Hahnemann* in seinem *Organon der Heilkunst.*

Die im Arzneiversuch am Gesunden (= ähnliche, künstliche Krankheit) erhaltenen Symptome müssen den Krankheitserscheinungen beim Patienten möglichst ähnlich sein, um eine Heilung herbeiführen zu können. Die heilende Wirkung des homöopathischen Mittels bedingt sozusagen eine *Überempfindlichkeit* des Kranken gegenüber *seinem* Arzneimittel. Diese liegt dann vor, wenn sich *sein* Krankheitsbild dem Arzneimittelbild *seines* Mittels möglichst ähnlich sind.

Das Ganze wäre in etwa zu vergleichen mit dem Impfprinzip oder auch mit der sogenannten Desensibilisierung, die zur Behandlung des Heuschnupfens vielfach angewendet wird. Auch hierbei prüft man zunächst, auf welche Stoffe

(Blütenpollen, bestimmte Gräser etc.) der Patient allergisch reagiert. Konnte die Substanz festgestellt werden, wird diese in abgeschwächter Dosierung dem Patienten gespritzt, um dadurch den Organismus zu vermehrter Bildung von Abwehrstoffen anzuregen.

Nicht uninteressant ist es zu erfahren, daß der Grundgedanke der Homöopathie schon vor *Hahnemanns* Zeit bekannt gewesen war. In den Schriften so bedeutender Ärzte wie *Hippokrates* und *Paracelsus* wird bereits die Möglichkeit erwähnt, Ähnliches durch Ähnliches zu heilen.

Das große Verdienst *Hahnemanns* aber ist es, aufgrund von Beobachtungen und Experimenten die praktische Bedeutung der Ähnlichkeitsregel erkannt zu haben.

B Die Arzneimittelprüfungen

Von fundamentaler Bedeutung und somit Kernstück der homöopathischen Medizin sind die Arzneimittelprüfungen: der Arzneiversuch am gesunden Menschen. »Es ist also kein Weg weiter möglich, auf welchem man die eigentümlichen Wirkungen der Arzneien auf das Befinden des Menschen untrüglich erfahren könnte – es gibt nur ein einziges, sicheres und natürliches Mittel zu diesem Zweck –, als daß man die einzelnen Arzneien versuchsweise gesunden Menschen in mäßiger Menge eingibt, um zu erfahren, welche Veränderungen, Symptome und Zeichen ihrer Einwirkung jede für sich im Befinden des Leibes und der Seele hervorbringe« schreibt *Hahnemann* im § 108 des *Organon.*

Durch eine Arzneiprüfung werden beim Gesunden Befindensänderungen ausgelöst, die es genau zu beobachten gilt. Daraus lassen sich Rückschlüsse auf das Anwendungsgebiet der Arzneisubstanz ziehen.

Bekanntlich treten beim Schälen und Schneiden der *Küchenzwiebel (Allium cepa)* Augentränen, leichter Fließschnupfen und häufiges Niesen auf, Erscheinungen, die einer katarrhalischen Erkrankung sehr ähnlich sind. Entsprechend wird bei einem Patienten mit diesen Symptomen Allium cepa in homöopathischer Dosierung – als D4 oder D6 * – seine Heilwirkung rasch unter Beweis stellen können.

Das Beispiel veranschaulicht – wenn auch vereinfacht – das Prinzip. Die Veränderungen und Störungen, die eine Arznei beim gesunden Menschen hervorruft, müssen bekannt sein. Und mit dieser Arznei wird es dann möglich sein, einen Patienten mit ähnlichem Krankheitsbild zu heilen: Similia similibus, gemäß der bereits erwähnten Ähnlichkeitsregel.

Die Vorbedingung dazu ist aber die Prüfung der Arzneien. »Die ganze Krankheit erregende Wirksamkeit der einzelnen Arzneien« muß erforscht werden (§ 106 Organon). Die im Versuch gewonnenen Ergebnisse finden beim Kranken praktische Anwendung.

Hahnemann stellte die Arzneiversuche an sich selbst, aber auch an einem kleinen Kreis von Freunden und Bekannten an. Vielfach waren es nur wenige Prüfer, die die Prüfsubstanz oft nur kurzfristig untersuchten. Ohne Zweifel wurden diese Experimente damals unter einfachen Bedingungen angestellt. Und dennoch – Nachprüfungen, die in neuerer Zeit durchgeführt wurden, haben die Ergebnisse der früheren Versuche weitgehend bestätigt.

---

* Erklärung von D4, D6 siehe unter Arzneizubereitung.

Die Systematik des Arzneiversuches am Gesunden war von *Hahnemann* im Organon festgelegt worden; und lange Zeit bildete dies die einzige Grundlage. Jedoch haben nicht zuletzt größere Erfahrung sowie labortechnische Hilfsmittel die Methodik der Arzneiprüfungen immer mehr verfeinert.

Nach diesen Erkenntnissen wurde auch eine große Zahl von Neuprüfungen durchgeführt. Als Prüfergruppen fungierten dabei Ärzte, aber auch Mitglieder von homöopathischen Laienvereinen.

Daß die Resultate bei den Arzneiversuchen richtig waren, bestätigt die erfolgreiche Anwendung am Kranken. Nur der vorsichtig dosierte Arzneiversuch am Menschen vermag dem homöopathischen Heilprinzip Rechnung zu tragen. Tierexperimente können die Prüfungen zwar ergänzen, aber niemals ersetzen. Deshalb gehören die Arzneimittelprüfungen zur Grundlagenforschung der Homöopathie.

Die Ergebnisse der Prüfungen sind die wichtigsten und wesentlichsten Teile, aus denen ein Arzneimittelbild besteht. Um dieses Bild über eine Arznei jedoch abrunden zu können, sind weitere Kenntnisse notwendig. So vermitteln die Erscheinungen, wie sie nach Vergiftungen häufig zu beobachten sind, wertvolle Fingerzeige für den therapeutischen Nutzen des Stoffes (Schlangengifte ect.).

Zusätzliche Erkenntnisse über ein Arzneimittel werden durch die Erfahrung am Kranken selbst gewonnen. Denn mit diesen Beobachtungen am Krankenbett erhält man ergänzende Hinweise für die Verwendbarkeit eines Mittels.

Diese Arzneimittelbilder wiederum sind zu umfangreichen Bänden zusammengefaßt, den Arzneimittellehren. Als unentbehrliche Nachschlagewerke in der täglichen

Aconitum napellus, der *blaue Eisenhut*,
zählt zu den wichtigsten homöopathischen Heilmitteln.

Praxis spiegeln sie das Erfahrungsgut der Homöopathie wider.

C Die Dosierungslehre

Wie sehr sich die Homöopathie auf die praktische Erfahrung stützt, zeigt sich auch und gerade in der Dosierungslehre.

Die erste Aufgabe des homöopathisch behandelnden Arztes ist es, das Heilmittel entsprechend der Ähnlichkeitsregel zu finden. Der zweite Schritt wird dann die Wahl der geeigneten Dosierung sein.

Daß bei der homöopathischen Behandlung die Arzneidosis abgeschwächt sein muß, erfordert das besondere Heilprinzip. Denn wie eingangs ausgeführt wurde, ist die Homöopathie eine Regulationstherapie. Damit wird es verständlich, daß gerade der schwache Arzneireiz nötig ist, um die gewünschte Heilreaktion im Organismus auszulösen. Ein zu starker Arzneistoß würde die eigentlichen Beschwerden nur noch verschlimmern.

Bekannt sind die Symptome, die sich nach dem Genuß von Kaffee zeigen. Sie äußern sich in einer Reizbarkeit der Sinne; Körper und Geist sind überlebhaft. Das Herz klopft stärker als gewöhnlich und häufig treten Schweiße auf. Besonders typisch ist die Schlaflosigkeit infolge des großen Gedankenzuflusses.

Eine solche Wirkung tritt bei zu starker Dosierung des Kaffees auf. In schwacher Dosis hingegen zeigt sich die Umkehrwirkung. Denn bei Schlafstörungen, die in der geschilderten Weise auftreten, wird sich Coffea, das homöopathische Mittel aus der Kaffeebohne gewonnen, in D6 oder D12 als heilsam erweisen.

Diese Heilwirkung kann sich jedoch erst durch eine besondere Zubereitung der Arznei entfalten. Mithin ist die homöopathische Pharmazie ausschlaggebender Bestandteil der Dosierungslehre und zugleich wesentliche Voraussetzung für den therapeutischen Erfolg.

Ausgangsstoffe

Die homöopathische Pharmazie ist jenes Teilgebiet, das sich mit der Herstellung der Heilmittel befaßt. Alle Arbeiten müssen gemäß den Vorschriften des Deutschen Homöopathischen Arzneibuches – HAB – erfolgen, das somit amtlichen Charakter hat. *Hahnemann* hat neben detaillierten Angaben zu den verschiedenen Arzneiformen präzise Vorschriften herausgegeben, nach denen die Gewinnung der Ausgangsstoffe und die anschließende Herstellung der Potenzen zu erfolgen hat. Nach und nach wurden die Methoden ausgebaut und weitere Erkenntnisse gewonnen. Diese sind Grundlage des Arzneibuches. Die Homöopathie bezieht ihre Ausgangsstoffe aus folgenden Bereichen:

a) Pflanzen

Die pflanzlichen Ausgangsstoffe machen den größten Anteil aus. Verwendet werden bekannte einheimische Pflanzen wie der *Sturmhut* oder der gefleckte *Schierling,* aber auch so unscheinbare Pflänzchen wie das *Gänseblümchen* oder der wie Unkraut wuchernde *Löwenzahn.* Andererseits bezieht die Homöopathie viele Pflanzen aus weit entfernten Ländern, vornehmlich aus Amerika und Asien.

Die Pflanzen werden entweder frisch oder im getrockneten Zustand verwertet. Zudem ist im Arzneibuch festgelegt, ob die ganze Pflanze oder nur bestimmte Teile (Blätter, Rinde, Wurzel) verwendet werden.

Unter *Thuja occidentalis,* dem Lebensbaum, ist im HAB zu lesen:

»Vorkommen: wild in Virginien, Kanada und Sibirien.

Angewandter Pflanzenteil: frische, zu Beginn der Blüte gesammelte Zweige mit den Blättern.

Podophyllum peltatum, der Maiapfel:

Vorkommen: in feuchten Wäldern der östlichen Vereinigten Staaten von Nordamerika und Kanadas.

Angewandter Pflanzenteil: frischer, Ende Oktober oder Anfang November nach völliger Reife der Früchte gesammelter Wurzelstock mit den daranhängenden Wurzeln.«

Verarbeitet werden auch Sekrete, also Ausscheidungen, von Pflanzen: *Terebinthina,* das aus dem Harz verschiedener Pinienarten gewonnen wird. Pilze dienen ebenfalls zur Herstellung von Heilmitteln: *Agaricus,* der Fliegenpilz.

Aus den pflanzlichen Ausgangsstoffen wird nun nach den Vorschriften des Arzneibuches mittels Weingeist eine Tinktur bereitet, die eigentliche *Urtinktur.* Vor einer Verarbeitung der Urtinkturen wird ihr Gehalt überprüft und standardisiert. Denn bei den Pflanzen haben Klima, Standort, Jahreszeit u.ä. einen großen Einfluß auf den Wirkstoffgehalt.

b) Tiere

Das Tierreich bringt sehr wertvolle Ausgangsstoffe. Zu erwähnen sind *Cantharis* (Spanische Fliege), ein Käfer; *Latrodectus mactans (Schwarze Witwe),* eine Spinne; bei den Insekten die *Waldameise (Formica rufa)* und die *Honigbiene (Apis mellifica).*

Mit hochprozentigem Weingeist wird aus diesen Tieren die *Urtinktur* hergestellt.

An Sekreten verschiedener Tiere werden vor allem die *Schlangengifte* verwendet: *Lachesis muta* (Buschotter), *Vipera berus* (Kreuzotter).

Die frischen Schlangengifte werden nach besonderen Vorschriften weiterverarbeitet.

Verwendet wird beispielsweise auch das Sekret von *Bufo rana,* einer Kröte. Hier ist es »das aus den Rückenhautdrüsen der in Europa, dem nördlichen Asien und Japan lebenden Kröte austretende Gift« (nach HAB). Übrigens ist der Gebrauch der Kröte zu arzneilichen Zwecken bereits in der frühesten Medizin – bei arabischen und griechischen Ärzten – bekannt gewesen.

c) Mineral

Dieser Bereich bietet eine Fülle von Stoffen, die in der Homöopathie Bedeutung erlangt haben. Dazu zählen sowohl die *Mineralien* (Silicea = Kieselsäure), die *Metalle* (Aurum = Gold) als auch die *anorganischen Stoffe* (Sulfur = Schwefel). Ihre Verarbeitung ist unterschiedlich, da sie von der Löslichkeit abhängt. Dementsprechend werden sie entweder mit Wasser oder Weingeist zur *Urlösung* bzw. *Ur-*

tinktur oder aber mit Milchzucker zur *Ursubstanz* verarbeitet.

Mit den beispielhaft erwähnten Ausgangsstoffen soll verdeutlicht werden, wie vielfältig die Möglichkeiten sind, aus denen die Homöopathie ihre Heilmittel schöpft.

Die Gewinnung und Verarbeitung der verschiedenen Ausgangsstoffe ist eines jener Gebiete in der Homöopathie, deren Erkenntnisse ständig verbessert und erweitert werden, wozu andere naturwissenschaftliche Methoden mit herangezogen werden.

Arzneizubereitung

Die weitere Aufbereitung der einzelnen Grundstoffe – Urtinkturen bzw. Urlösungen sowie Ursubstanzen – erfolgt durch die *Potenzierung.* Dieses Verfahren wird heute noch nach denselben Vorschriften ausgeführt wie sie von *Hahnemann* festgelegt worden sind.

Die Grundstoffe sind somit die Ausgangsform für die eigentliche Arzneizubereitung, von der die Homöopathie mehrere Verfahren kennt. Unterschieden werden muß auch zwischen den flüssigen und festen Grundsubstanzen, da jede Form eine eigene Potenziertechnik verlangt.

Das Potenzieren als solches bedeutet eine *stufenweise Verarbeitung:* Ein Teil der flüssigen Grundsubstanz wird mit 99 Teilen verdünntem Weingeist vermischt und kräftig geschüttelt. Dies ergibt die erste *Centesimalpotenz* (centum = 100) und wird als C1 bezeichnet. Auch die folgenden Potenzen werden im Verhältnis 1 : 100 hergestellt.

Ein Teil C1 und 99 Teile Weingeist = C2
Ein Teil C2 und 99 Teile Weingeist = C3
usw.

Dieser Vorgang wiederholt sich bis zur gewünschten Potenz, wobei prinzipiell sämtliche Zwischenpotenzen herzustellen sind. Denn es handelt sich nicht um ein bloßes Verdünnen des Grundstoffes mit Weingeist. Entscheidend ist, daß die Flüssigkeit durch zehn kräftige, abwärts geführte Schüttelschläge potenziert wird.

Die *unlöslichen Substanzen* – sie entstammen ja vorwiegend dem Mineralreich – werden mit *Milchzucker* verarbeitet, auch im Verhältnis 1 : 100. Dies bedeutet, daß ein Teil der Ursubstanz mit 99 Teilen Milchzucker innig verrieben wird. Die *Verreibung,* die man auf diese Weise erhält, wird als C1 bezeichnet.

Die Verarbeitung der Potenzen als Verreibungen nimmt ungleich mehr Zeit in Anspruch als die von Flüssigkeiten. Durch die Bestimmungen im HAB ist es aber genau festgelegt, wie lange die Verreibungsdauer beträgt und in welcher Art dies zu geschehen hat. Der Vorgang benötigt eine Stunde Arbeitszeit, da der Milchzucker nur in Anteilen mit der Ursubstanz verrieben werden darf. Zur Herstellung der C2-Verreibung wird ein Teil C1 mit 99 Teilen Milchzucker ebenfalls eine Stunde lang innig verrieben. Die folgenden Potenzen sind dann entsprechend herzustellen.

Daß es sich nicht einfach um ein oberflächliches Mischen von Pulvern handelt, läßt sich an Hand von praktischen Beispielen zeigen. Denn eine ganze Reihe von Stoffen zeigt als Ursubstanz keine arzneiliche Wirkung. Eindrucksvolle Beispiele dafür sind die *Kieselsäure (Silicea),* die *Kohle (Carbo),* aber auch Metalle wie zum Beispiel das *Silber (Argentum).* Durch den Potenzierungsvorgang jedoch werden die Arzneikräfte dieser Substanzen entwickelt. So wurde der *Bärlappsamen (Lycopodium)* früher nur dazu verwendet, die in der Apotheke selbst gefertigten Pillen zu bestreuen, damit

Die *Tollkirsche (Atropa belladonna)* ist eine Giftpflanze.
Durch die Potenzierung wird sie zu einem bedeutenden Arzneimittel.

sie nicht untereinander verkleben. Heute ist *Lycopodium* ein bedeutendes homöopathisches Heilmittel.

Auch die Urtinkturen von Stoffen wie etwa der *Sturmhut (Aconitum)* oder die *Tollkirsche (Belladonna)* haben keine therapeutisch verwertbare Wirkungen, da sie stark giftige Eigenschaften besitzen. Erst eine besondere Aufbereitung, wie sie ja die Potenzierungsmethode darstellt, läßt aus solchen Substanzen ein Arzneimittel werden. Zweifelsohne entfalten diese homöopathischen Zubereitungen erst ihre Heilwirkung in mittleren und höheren Potenzen, was eine Belladonna C6 oder C12 schon oft bewiesen hat.

Die mechanische Einwirkung (= Potenzierung) auf die Substanzen bewirkt eine Veränderung ihrer Eigenschaften (= Entwickeln der Arzneikraft). »Man nennt daher diese Bearbeitung Dynamisation oder Potenzieren und die Produkte davon Dynamisationen oder Potenzen in verschiedenen Graden«, erklärt *Hahnemann* im »Organon«.

Noch zu Lebzeiten *Hahnemanns* wurden die *Dezimalpotenzen* (decem = 10) eingeführt. Hierbei wird jeweils im Verhältnis 1 : 10 potenziert. Entsprechend ergeben ein Teil Grundsubstanz und neun Teile Weingeist bzw. Milchzucker die erste Dezimalpotenz. Sie wird mit D1 bezeichnet. Die Bereitung der folgenden Potenzen geschieht analog:

Ein Teil D1 und 9 Teile Weingeist bzw. Milchzucker = D2
Ein Teil D2 und 9 Teile Weingeist bzw. Milchzucker = D3
usw.

Der Unterschied zu den Centesimalpotenzen besteht also darin, daß in kleineren Stufen potenziert wird. Die Potenziertechnik – das Verschütteln bzw. das Verreiben – ist dieselbe. Die Dezimalpotenzen besitzen den Vorteil einer noch feineren Abstufung verbunden mit der Möglichkeit einer exakten Anpassung an die individuelle Reaktionslage des Patienten.

Erwähnt werden soll noch ein weiteres Verfahren: die sogenannten LM-Potenzen, die in Stufen von 1 : 50000 hergestellt werden. *Hahnemann* verwendete sie in den späteren Jahren seiner Tätigkeit; heute sind die LM-Potenzen wenig gebräuchlich.

In Deutschland ist die Verordnung der Dezimalpotenzen weitgehend üblich, hingegen sind die Centesimalpotenzen im Ausland mehr verbreitet.

Zum besseren Verständnis werden die Potenzen eingeteilt in:

Tiefe Potenzen: Urtinktur bis D6
mittlere Potenzen: D6 – D15
hohe Potenzen: alle über D15.

Um zu wissen, ob es sich um ein homöopathisches Mittel handelt, ist auf die Bezeichnung zu achten:

Allium cepa D3 = 3. Dezimalpotenz von Allium cepa.
Aconitum C6 = 6. Centesimalpotenz von Aconitum.

Nach dem Namen des Mittels steht der Buchstabe D oder C und dann eine Zahl. Daran erkennt man auch die Stärke einer homöopathischen Arznei.

Arzneiformen

War bislang die Rede von flüssigen und festen Arzneien, so sollen nun die eigentlichen Arzneiformen zusammenfassend aufgeführt werden.

Die Homöopathie verwendet in der Hauptsache folgende Formen:

a) Tropfen (Flüssigkeiten) = Dilutionen (dil.)
b) Ampullen
c) Streukügelchen = Globuli (glob.)
d) Verreibungen = Triturationen (trit.)
e) Tabletten = Tabulettae (tabl.)

Die Tropfen werden aus den Urtinkturen durch Verschüttelung mit Weingeist hergestellt und ergeben die flüssigen Potenzen.

Die Ampullen sind flüssige Potenzen, jedoch in einer speziellen Lösung zubereitet. Sie werden zu Injektionen (meist unter die Haut oder in den Muskel) und neuerdings als Trinkampullen verwendet.

Die Streukügelchen sind eine besonders typische Arzneiform der Homöopathie. Die Kügelchen, die aus reinem Zucker bestehen, werden mit dem gewünschten Mittel im Verhältnis 1 : 100 befeuchtet und anschließend getrocknet. Wegen der besonderen Herstellungsweise differiert die Bezeichnung der Stärke. Zum Beispiel entspricht eine D6 in Globuli den übrigen Arzneiformen in der 8. Potenz (D8).

Die Verreibungen – sie sehen wie Pulver aus – werden aus den Urstoffen durch intensives Verreiben mit Milchzucker hergestellt. Es sind die festen Potenzen.

Die Tabletten entstehen aus den Verreibungen durch

maschinelle Pressung, ohne daß irgendein Bindemittel zugesetzt wird. Das Gewicht der einzelnen Tablette beträgt 0.1 g oder 0.25 g. Somit sind sie genau dosierte Einzelgaben von Verreibungen.

Ursprünglich waren von *Hahnemann* nur Tropfen, Streukügelchen und Verreibungen angewendet worden. Erst später hatte man die Ampullen und die Tabletten in die Therapie eingeführt; die Dilutionen sind die am häufigsten verwendete Form.

Nicht alle homöopathischen Mittel sind in jeder Arzneiform vorhanden. Der Phosphor zum Beispiel ist nur in flüssiger Form (als Dilution) herstellbar. Die Verarbeitung zu einer Trituration oder Tablette ist nicht möglich, da der Phosphor sich dabei chemisch verändern würde. Andererseits gibt es Mittel, die lediglich in fester Arzneiform hergestellt werden können. Einige Stoffe aus dem Mineralreich lassen sich bis zur sechsten Dezimalpotenz ausschließlich zu festen Potenzen verarbeiten; als Dilutionen gibt es sie erst ab D8. Die Eigenschaften eines jeden Ausgangsstoffes sind bei der Verarbeitung zu einer bestimmten Arzneiform zu berücksichtigen. Die verschiedenen Darreichungsformen erlauben es, auf die jeweilige Krankheitslage des Patienten bestmöglichst einzugehen.

IV Individuelle Therapie

Die Behandlung von Erkrankungen mit homöopathischen Mitteln erfordert ein individuelles Vorgehen. Nachdrücklich weist *Hahnemann* darauf hin, daß jeder Kranke dasjenige Mittel erhalten muß, das auf die Gesamtheit der Symptome abgestimmt ist. Die Homöopathie beschreitet nicht den Weg, jedes einzelne Symptom mit je einem Mittel zu behandeln. Der Patient – und das ist wichtig – muß sämtliche Beschwerden genau angeben. Denn charakterisiert wird das Krankheitsbild durch die jeweiligen Besonderheiten.

Für die Wahl des geeigneten Mittels ist es notwendig zu erfahren, ob sich die geschilderten Beschwerden unter bestimmten Einflüssen oder Umständen – den Modalitäten – verschlimmern oder bessern. Diese Veränderungen im Befinden können zu bestimmten Zeiten auftreten und von Temperatur und Klima abhängen.

Der homöopathisch Behandelnde muß auch wissen, welchen Einfluß Bewegung und Ruhe, Berührung und Druck haben, beispielsweise bei den rheumatischen Leiden. Zudem ist die Art der Schmerzempfindung näher zu beschreiben. Ob die Schmerzen als brennend, zusammenkrampfend, bohrend oder stechend geschildert werden, sind Anhaltspunkte, die bei der Arzneiwahl mit entscheiden. Wichtige Hinweise geben die Stimmung und der seelische Zustand des Patienten. Angst, Kummer oder Trauer sind nicht selten auslösende Ursache von vielen Erkrankungen.

Anhaltspunkte bieten auch die Haltung, die Gestik und die Mimik des Kranken, kurz sein Erscheinungsbild. Denn die seelische und körperliche Verassung geben Aufschluß über die Konstitution und lassen überdies Neigung und Anfälligkeit zu bestimmten Krankheiten erkennen. Besondere Bedeutung kommt daher der Beachtung der konstitutionellen Lage zu, die sich gewissen Arzneien zuordnen läßt. Diese Konstitutionsmittel erfassen nämlich besonders solche Störungen, wie es vor allem bei den oft schon jahrelang bestehenden Krankheiten der Fall ist.

Ein in der Homöopathie sehr bekanntes Konstitutionsmittel ist *Nux vomica*. Die aus dem Samen der *Brechnuß* hergestellte Arznei wird in mittleren Potenzen verwendet. Das Mittel eignet sich vorzugsweise für das männliche Geschlecht. Der Typ wird als hager, reizbar und herrschsüchtig beschrieben, also ein Choleriker. Am Tage und insbesondere morgens hat er »seine schlechte Zeit«, zum Abend hin fühlt er sich »in Form«.

Auf Grund seiner gehetzten Lebensweise hat er ein großes Verlangen nach Reizmitteln (Tabak, Alkohol), die ihm jedoch schlecht bekommen. Die hauptsächlichen Beschwerden – um sie kurz zu umreißen – liegen im gesamten Verdauungssystem: krampfende Magenbeschwerden mit Verschlimmerung nach dem Essen, Verstopfung und schmerzende Hämorrhoiden sind typisch. Das Konstitutionsmittel wird also dem entsprechenden Menschentypen zugeordnet.

Darüber hinaus gibt es eine Reihe von Arzneien, die sich bei entsprechendem Alter und Geschlecht des Kranken als besonders wirksam erwiesen haben.

Gerade bei den chronischen Erkrankungen ist eine individuelle Behandlung, eine vollkommen auf den einzelnen Patienten abgestimmte Therapie unerläßlich, weil sonst der Behandlungserfolg in Frage gestellt ist. Das homöopathische Mittel, das dem einen Kranken half, muß und kann nicht zwangsläufig in einem anderen – auch vermeintlich ähnlichen – Fall genauso erfolgreich ansprechen. Die homöopathische Verordnung erfordert neben einer genauen Beobachtung ein großes Wissen und Erfahrung.

Nun verfügt die Homöopathie auch über Mittel, die eine sogenannte Organotropie aufweisen. Diese Arzneien entfalten ihre Wirkung an bestimmtenOrgansystemen. Die Wirkungsbreite ist natürlich bei weitem nicht so umfangreich als die der Konstitutionsmittel. Schon deshalb werden sie in der überwiegenden Zahl der Fälle für Erkrankungen im akuten Stadium angewendet. Dennoch ist die jeweilige Charakteristik des Mittels zu berücksichtigen:

Rumex crispus (krauser Ampfer) D4 – D6:

Trockener Reizhusten (vom Kehlkopf bis zu den Bronchien) mit ausgeprägter Empfindlichkeit gegen Kälte. Sprechen, ja selbst tieferes Atmen als sonst, löst die schmerzhaften Hustenanfälle aus. Verschlimmerung morgens nach dem Erwachen.

Sticta pulmonaria (Lungenmoos) D3 – D6:

Krampfartiger Reizhusten mit stechenden Schmerzen unter dem Brustbein. Der Husten verschlimmert sich abends und nachts im Liegen. Charakteristisch ist der Verlauf der Erkrankung: Diese beginnt mit einem Katarrh und zieht sich über den Rachenraum (Schluckbeschwerden) bis zu den Bronchien hinunter.

Drosera rotundifolia (Sonnentau) D4 – D6:

Die krampfartigen Hustenanfälle sind mit Brechreiz verbunden; es löst sich wenig Schleim. Betroffen ist auch der

Kehlkopf, da die Stimme heiser klingt. Eine Verschlimmerung besteht während der gesamten Nacht über.

Daß es in der Homöopathie nicht *das* Hustenmittel gibt, sollen die wenigen Beispiele zeigen. Wenn auch die Mittel eine gewisse Organbeziehung haben – generell müssen die Modalitäten beachtet werden.

Neben der Arzneifindung ist die Wahl der geeigneten Potenz wichtig. Die Auswahl der Arzneistärke macht ein individuelles Eingehen auf den Kranken notwendig, umso mehr als jeder Mensch unterschiedlich auf die Arzneireize reagiert. Daher kommt es bei der Potenzwahl zunächst auf die Reaktionsempfindlichkeit an. Sie ist bei Kindern mehr ausgeprägt und nimmt mit steigendem Lebensalter ab. Die Ansprechbarkeit ist auch abhängig vom Geschlecht und Temperament.

Dabei ist auf folgendes hinzuweisen:

Im Laufe der homöopathischen Behandlung kann sich das Krankheitsbild verschlechtern. Diese sogenannte Erstverschlimmerung ist vergleichbar mit einer Badereaktion. »Die Beschwerden sind heftiger als zuvor.« Das etwaige Auftreten einer Erstverschlimmerung beweist, daß die Arznei richtig gewählt, jedoch zu stark dosiert wurde. Die Erscheinung klingt schnell ab, wenn mit dem Einnehmen der Arznei für ein oder zwei Tage ausgesetzt oder eine andere Potenz des gleichen Mittels gewählt wird.

Aufgrund der Erfahrung haben sich bestimmte Richtlinien festlegen lassen: Bei akuten Erkrankungen werden die tieferen Potenzen bevorzugt. Chronische Leiden dagegen sprechen gut auf die höheren Potenzen an.

Dementsprechend werden die »kleinen« Mittel – sie wirken ja organspezifisch – in tieferen Potenzen verordnet, bei den Konstitutionsmittel wendet man vorzugsweise mittlere und höher Potenzen an. Und je ähnlicher das Krankheitsbild dem Arzneibild ist, desto höhere Potenzen können verwendet werden.

Genaue Regeln lassen sich bei der Potenzwahl nicht aufstellen. Die Angaben sind lediglich als ungefähre Anhaltspunkte zu verstehen. Für den Laien durchaus zweckentsprechend ist es, sich mehr der niedrigeren Potenzen (ca. D3 – D8) zu bedienen, wenn er die homöopathischen Arzneien als Art von Hausmittel bei den leichteren Erkrankungen selbst anwenden will.

Der *Sonnentau, Drosera rotundifolia,* ist überwiegend in Moorgebieten zu finden. Mit Drosera werden Erkrankungen der Atemwege behandelt.

V Homöopathische Arzneiversorgung

Im Gegensatz zu früher ist es heutzutage zur Selbstverständlichkeit geworden, daß der Patient auch die homöopathischen Medikamente in der Apotheke kaufen kann.

Bei *Hahnemann* und den ersten homöopathischen Ärzten war die Selbstdispensierung durchaus die Regel gewesen. Dies bedeutete, daß der Arzt die Mittel, welche er verordnete, selbst anfertigte und sie gleich dem Patienten mitgab. Dieses Verfahren durfte der Arzt jedoch nur dann ausüben, wenn er das Selbstdispensierrecht besaß. Um es zu erlangen, mußte der Arzt vor einer Regierungskommission eine Prüfung ablegen, in der Kenntnisse über die Herstellung der Ausgangsstoffe und der Potenzen nachgewiesen werden mußten. Dieses Recht, das nicht mehr vergeben wird, besitzen von früher her noch einige Ärzte.

Daß mit der Selbstdispensierung lange Zeit die einzige Möglichkeit bestand, homöopathische Medikamente zu erhalten, hatte einige Gründe. Die Homöopathie stellte eine Heilmethode mit Arzneimitteln dar, die bis dahin unbekannt gewesen waren. Es existierten keine allgemeingültigen Vorschriften zu deren Herstellung. Zudem war dafür die nötige Erfahrung noch nicht vorhanden.

Im Laufe der Zeit fand die Homöopathie dann immer größeren Anklang bei den Patienten, und auch mehr Ärzte widmeten sich der neuen Therapie, was zur Folge hatte, daß gegen Ende des 19. Jahrhunderts mehr und mehr die Apotheken die Verarbeitung und den Vertrieb homöopathischer Arzneimittel übernahmen. Zwischenzeitlich war ein Arzneibuch erschienen, das die einheitliche Herstellung der Mittel sicherstellte.

So entstanden Apotheken, die ausschließlich homöopathische Medikamente führten, sogenannte homöopathische Vollapotheken. Einige von ihnen entwickelten sich sogar später zu homöopathischen Arzneimittelwerken. Die Mehrzahl der Apotheken jedoch führten zusätzlich zu den bisherigen Medikamenten nun die homöopathischen Heilmittel. Und genauso stellt sich die heutige Situation dar.

Üblicherweise hält jede Apotheke die wichtigsten Mittel in den gängigen Potenzen vorrätig; nicht Vorhandenes kann von den Arzneimittelwerken kurzfristig bezogen werden.

Hingegen gibt es noch heute Apotheken mit eigener homöopathischer Abteilung. Diese stellt zumeist einen für sich abgeschlossenen Raum dar, in dem die Arzneien und die zu ihrer Herstellung notwendigen Geräte aufbewahrt werden. Wie für die homöopathischen Arzneimittelwerke sind dabei für die Apotheken die Vorschriften des Deutschen Homöopathischen Arzneibuches verbindlich.

In solchen Apotheken stellt man vor allem flüssige Potenzen und zum Teil auch die Verreibungen her. An Urtinkturen können lediglich einige pflanzliche selbst zubereitet werden. Die überwiegende Zahl wird von den homöopathischen Großfirmen bezogen, da ihre Herstellung ebenso wie die von Ampullen und von Tabletten über die Möglichkeiten einer Apotheke hinausgehen.

Seit einigen Jahren ist ein gewisser Trend zur Verschreibung von homöopathischen Komplexmitteln zu verzeichnen. Viele homöopathisch behandelnde Ärzte sind dazu übergegangen, nicht nur Einzelmittel, sondern auch Mischpräparate zu verschreiben. Diese Komplexmittel setzen sich aus mehreren homöopathischen Einzelmitteln zusammen, die nach Anweisung des Arztes in der Apotheke gemischt werden. Damit das Medikament hergestellt werden darf, müssen die auf dem Rezept notierten Mittel auch in den entsprechenden Potenzen vorhanden sein.

Die Mischpräparate werden zumeist in flüssiger Form d.h. als Tropfen verschrieben . Daneben gibt es aber auch Ärzte, die von der Möglichkeit Gebrauch machen, Komplexmittel in Form einer Trituration zu rezeptieren. Flüssige Komplexmittel bestehen zumeist aus vier, gelegentlich auch aus noch mehr Einzelmitteln, Triturationen oft nur aus drei Mitteln. Darüber hinaus werden von den pharmazeutischen Werken Komplexmittel geliefert, die als Arzneimittelspezialitäten mit einem Handelsnamen auf dem Markt sind. Diese in den letzten Jahrzehnten immer mehr aufgekommenen Kombinationen beschränkten sich zunächst auf Präparate in Tropfenform, später wurden sie auch als Tabletten, Verreibungen und Streukügelchen herausgebracht. Anzumerken sei noch, daß man in neuerer Zeit dazu übergegangen ist, die Komplexmittel zu einem Saft, Dragée oder einer Salbe zu verarbeiten. Eine Anwendung von Salben wird aber die innerliche Behandlung nur zu unterstützen vermögen. Denn die Homöopathie behandelt stets alle Erkrankungen – z.B. auch die Hautleiden – »von innen her« durch die Anregung körpereigener Heilkräfte.

Ein Punkt ist noch hervorzuheben:

Den meisten homöopathischen Arzneimitteln liegt kein Hinweiszettel bei; auf dem Etikett ist lediglich die Zusammensetzung vermerkt. Nicht angegeben ist, wofür sich das Mittel eignet. Diese Eigenheit erklärt sich damit, daß die homöopathischen Heilmittel nach individuellen Gesichtspunkten verordnet werden. Exakte Anwendungshinweise im Einzelfall zu geben, ist nicht möglich.

Grundsätzlich dürfen die homöopatischen Zubereitungen nur in Apotheken an den Patienten verkauft werden; sie sind alle apothekenpflichtig. Verschreibungspflichtig (rezeptpflichtig) aber sind einige bestimmte Mittel bis zur dritten Dezimalpotenz, da diese aus stark wirkenden Substanzen (Tollkirsche, Fingerhut etc.) bereitet werden. Sie sind nur auf Grund eines ärztlichen Rezeptes erhältlich.

Die Besonderheit der homöopathischen Arzneimittel bringt es mit sich, daß man zu ihrer Herstellung einen Mehraufwand an Arbeit und Zeit in Kauf zu nehmen hat. Somit wird es verständlich, daß der Patient, der von seinem Arzt ein homöopathisches Medikament verordnet bekam, sich in der Apotheke manchmal wird etwas gedulden müssen, bis ihm die Arznei ausgehändigt werden kann.

Digitalis purpurea, der *rote Fingerhut,* ist im westlichen Europa verbreitet.
Die Urtinktur wird aus den frischen Blättern gewonnen.

VI Praktische Hinweise

Obgleich den Fragen der Gesundheit steigendes Interesse gewidmet wird, ist noch allzu häufig die Ursache zahlreicher Erkrankungen in einer veränderten Lebensweise zu suchen.

Falsche Ernährung, gehetztes Leben sind – um einige Stichworte zu geben – Tribute an unsere Zeit; der in diesem Zusammenhang geprägte Begriff »Zivilisationskrankheiheiten« spricht für sich.

Die Heilungschancen – und hier insbesondere bei chronischen Leiden – können als umso aussichtsreicher bezeichnet werden, je mehr der Patient auch selbst mitarbeitet. Diese aktive Mitarbeit ist eine Notwendigkeit, die vorausgesetzt wird, wenn eine dauerhafte Wiederherstellung der Gesundheit erreicht werden soll. Denn nur allein die Einnahme von Medikamenten ist oftmals nicht ausreichend.

So gilt es zunächst, daß der Kranke seine liebgewordenen, jedoch schädlichen Lebensgewohnheiten umstellt.

Ein weiteres Kriterium bei einer ganzen Reihe von Erkrankungen – etwa im Magen-Darm- oder im Leber-Galle-Bereich – ist die Einhaltung einer Diätvorschrift. Wird sie vom Patienten konsequent durchgeführt, kann dies ein erster Schritt zur Gesundung bedeuten.

Denn solche Maßnahmen sind als Basisbehandlung zu verstehen, die sich auf die medikamentöse Behandlung unterstützend auswirken.

Die Homöotherapie – die Behandlung von Krankheitsbildern mit homöopathischen Heilmitteln – stellt eine spezifische Reiztherapie dar. Aus diesem Grunde sollte während einer solchen Behandlungszeit auf Genußmittel (Süßigkeiten, Kaffee, Tabak, Alkohol sowie starke Gewürze) verzichtet werden, da sie wie starke Gegenreize wirken.

Darauf weist schon *Hahnemann* in seinem *Organon* hin, wenn er schreibt, daß die homöopathische Gabe gestört, ja sogar überstimmt werden kann »durch den fremdartigen arzneilichen Reiz«.

Richtiges Einnehmen der Arznei unterstützt entscheidend ihre Wirkung. Dabei geht es nicht um die Frage, inwiefern die verordneten Medikamente auch eingenommen werden: ein noch so gut gewähltes Mittel nützt nichts, wenn der Kranke dieses ungenau oder überhaupt nicht nimmt!

Eine Tatsache, die manchen zwar etwas seltsam anmutet, aber gerade in den letzten Jahren an Bedeutung zugenommen hat.

Grundsätzlich müssen die Dosierungsangaben des Arztes genau befolgt werden. Ansonsten können für die Einnahme von homöopathischen Arzneimitteln folgende Hinweise gegeben werden:

Während einer Mahlzeit sollen diese Arzneien nicht eingenommen werden. Sie entfalten nämlich ihre Arzneikräfte am besten, wenn man sie etwa eine halbe Stunde vor oder eventuell auch nach dem Essen einnimmt. Lautet die Verordnung auf »2x täglich«, so wird die erste Gabe morgens nüchtern und die zweite etwa eine Stunde abends vor dem Zubettgehen genommen.

Die homöopathischen Tabletten läßt man unter der Zunge, die Pulver und die Kügelchen sowie die Tropfen auf der Zunge zergehen. Letztere können mit abgekochtem Wasser verdünnt werden, was zuweilen bei Kindern nötig ist.

Die Urtinkturen als konzentrierte Extrakte nimmt man nach den Mahlzeiten ein.

In akuten Fällen müssen Homöopathika ungefähr alle ein bis zwei Stunden (= ein- bis zweistündlich), in besonderen Fällen (Koliken) bis zu alle zehn Minuten gegeben werden. Bei eintretender Besserung ist die Arzneigabe jedoch weniger häufig zu wiederholen.

In subakuten Fällen ist dreimal täglich eine Gabe angezeigt; bei den mehr chronischen Erkrankungen ist ein- bis zweimal am Tage eine Gabe völlig ausreichend.

Dagegen ist es in der Homöopathie durchaus üblich, bei langwierigen Leiden nur einmal in der Woche oder noch seltener eine Gabe zu nehmen.

Eine *homöopathische Gabe*
(Arzneireiz auf den erkrankten Organismus) bedeutet bei

Dilutionen:	5–7 (–10) Tropfen
Kügelchen:	7–10 Stück
Triturationen:	1 Messerspitze
Tabletten:	1 Stück

Die homöopathischen Dilutionen sind vor der Einnahme kräftig zu schütteln.

»Viel hilft viel«, diesen Grundsatz sollte man sich nicht zu eigen machen, wenn man Arzneimittel einnehmen muß. Eine Überschreitung der verordneten Dosierung nach Gutdünken des Patienten zeitigt erfahrungsgemäß keine schnellere Gesundung. Und eine rasche Unterdrückung von Krankheitssymptomen ist nicht in jedem Fall gleichbedeutend mit einer tatsächlichen Heilung.

Alle Medikamente werden übersichtlich geordnet (alphabetisch) in einem Arzneischrank aufbewahrt. Dieser muß sich in einem trockenen und nicht zu warmen Zimmer befinden. Das Schlafzimmer ist dafür am besten geeignet; zumal man die Arzneimittel dann schnell zur Hand hat.

Sachgemäß aufbewahrt sind Homöopathika gut haltbar und verlieren auch nach Jahren nicht an Wirksamkeit; die wenigen Ausnahmen sind mit einem gesonderten Hinweis versehen.

Zweckmäßig ist es, auf dem Etikett des Arzneimittels zu vermerken, bei welchem Krankheitsbild es eingenommen wurde. Denn ist der Anwendungsbereich bekannt, kann der Patient immer wieder auf die Arznei zurückgreifen: eine praktische Ergänzung der homöopathischen Hausapotheke.

VII Zur Wirtschaftlichkeit der Homöopathie

von Dr. med. *K. Buchleitner*

Nicht unwichtig erscheint die Frage nach der Wirtschaftlichkeit einer homöopathischen Behandlung – ein Punkt, der eine Betrachtung von verschiedenen Seiten erfordert.

Folgende Faktoren müssen dabei berücksichtigt werden:

1. Die Kosten für das einzelne Arzneimittel,
2. Die Kosten während des Behandlungsverfahrens,
3. Der viel schwerer meßbare Vorteil, der entsteht, wenn durch eine Reizkörpertherapie, die die homöopathische Behandlung darstellt, die Abwehr des Organismus verstärkt wird. Im Gegensatz dazu steht, daß oft fürs erste eine längere Behandlung in Kauf genommen wird gegenüber einer *Kupierung* (Unterdrückung von Symptomen) mit stark wirkenden Medikamenten.
4. Der finanziell kaum zu berechnende Effekt, der unter Umständen durch eine nachhaltige Gesundung eintreten kann, wenn es gelingt, eine *Gesamtumstimmung* des Organismus *(Konstitutionsbehandlung)* zu erreichen.

Die *Kosten für das einzelne Arzneimittel* machen den Hauptteil der eigentlichen Belastung aus, da sich bei der Herstellung homöopathischer Medikamente eine Rationalisierung nur in geringem Maße auswirken kann. Der Ausgangsstoff spielt weniger von der Menge (potenzieren!) als von der Qualität her eine wichtige Rolle. Darüber hinaus ist die Herstellung mit relativ viel Handarbeit verbunden, die Vielzahl der Medikamente (es sind Präparate von über 1000 verschiedenen Stoffen im Handel) setzt die Grenzen für eine weitergehende Rationalisierung der Herstellung überhaupt.

So wird der Preis für das Arzneimittel letztlich bestimmt durch die Qualität des Ausgangsstoffes, den Preis für das Medium, das für das Potenzieren verwendet wird (Alkohol, Milchzucker), der notwendig damit verbundenen Handarbeit und der häufig geringen Stückzahl des hergestellten Präparates. Wenn man bedenkt, daß das homöopathische Einzelmittel eben nicht nach Indikation verabreicht wird, sondern aufgrund der individuellen Symptome, ist die Auswahl unter einer großen Zahl von Medikamenten für eine Behandlung unbedingt erforderlich.

Andererseits ist der Verbrauch eines homöopathischen Medikaments äußerst gering. Ein Fläschchen mit 20 g Inhalt reicht in der Regel für eine Behandlung von etwa drei Wochen. Das bedeutet immerhin eine äußerst kostengünstige Behandlung, gilt aber nur für den idealen Fall, daß nämlich das »Simile« gefunden wurde und damit nur das zuerst eingesetzte Medikament verabreicht zu werden braucht. Aber auch der Fall, daß der Arzt durch den Wandel des Krankheitsbildes während einer Krankheit auf ein anderes Mittel übergehen muß, ist finanziell noch kein Problem. Auch beim Ausweichen auf Komplexpräparate verteuert sich die Behandlung nicht wesentlich, da diese – an Zahl viel geringer als die Einzelmittel, nach Indikationen verordnet – ein größeres Symptomenbild abdecken und durch die häufige Verschreibung zudem kostengünstiger hergestellt werden können.

Damit werden nun die *Kosten während des Behandlungsverlaufs* angesprochen. Wenn es dem Arzt gelingt, das passende Mittel zu finden, kann ein Medikament (unter Umständen ein zweites Folgemedikament) für den gesamten Krankheitsverlauf auch bei akuten Krankheiten ausreichen. Für den mit Hochpotenzen und seltenen Gaben arbeitenden Arzt spielt der Preis für das einzelne Medikament eine untergeordnete Rolle. Natürlich hängt es vom Verlauf der Krankheit und vom Können des Arztes ab, ob eine Krankheit mit homöopathischen Mitteln allein behandelt werden kann.

Die manchmal notwendige Zusatzbehandlung fällt aber dann nicht zu Lasten der Homöopathie. Es könnte ja sein, daß ein Mittel als einziges homööopathisch angezeigt ist, und trotzdem noch andere (allopathische oder phytotherapeutische) Medikamente – etwa zur Unterstützung des Herzens – eingesetzt werden müssen. Häufig kommt man aber bei den chronischen und auch bei akuten Krankheiten mit Homöopathika allein aus. Die homöopathische Grippebehandlung beispielsweise ist auf den gesamten Verlauf gesehen jeder anderen (symptomatischen, d.h. nur auf Symptome gerichteten, z.B. Fieber oder Schmerzen bekämpfenden) Behandlung überlegen.

Somit wird bereits Punkt 3 berührt, nämlich die Frage nach dem *Vorteil* einer *Reizkörpertherapie, welche die eigenen Kräfte des Organismus anregt.* So kann es der Fall sein, daß zum Beispiel bei einer Grippeerkrankung das fiebersenkende Mittel eine schnelle Entfieberung herbeiführt. Dem genannten Krankheitsverlauf wird dies aber nicht zugute kommen. Eine Infektionskrankheit hat eben eine eigene Gesetzlichkeit, die man ungestraft nicht durchbrechen kann. Das bedeutet natürlich nicht, daß eine homöopathisch behandelte Grippe sich im allgemeinen in die Länge zieht, im Gegenteil, sie wird dem Organismus gemäßer verlaufen und auf die Dauer eine nachhaltige Gesundung bedeuten. An dieser Stelle muß eben – auch im bezug auf das wirtschaftliche Denken – die Feststellung getroffen werden, daß die biologische Behandlung einer Erkrankung immer noch heißt, die Krankheit nicht zu kupieren, also den Krankheitsverlauf abzuschneiden, sondern die Erkrankung in richtiger Weise zur Ausheilung zu bringen.

Damit ist aber Punkt 4 erreicht, nämlich der Vorteil einer *nachhaltigen Gesundung durch eine umstimmende Therapie.* Diese ist ja allein als gezielte Reizkörpertherapie im Sinne der Homöopathie möglich. Bei dieser Behandlung werden vorwiegend höhere Potenzen benötigt, so daß die Kosten für das Medikament kaum ins Gewicht fallen. Hingegen ist die Bedeutung für den Patienten im Sinn von mehr Aktivität und mehr Lebensfreude jedoch nicht abzuschätzen, wenn es gelingt, bestimmte chronische Leiden zu beseitigen, die zwar nicht massiv gestört haben müssen, die trotzdem aber das gesamte Befinden nachteilig beeinflußt haben.

Das Kapitel heißt »Zur Wirtschaftlichkeit der Homöopathie«. Dazu gehören nicht nur die Kosten der Behandlung durch den dafür speziell vorgebildeten homöopathischen Arzt. Gerade diese Form der Behandlung erfordert vom Arzt ein großes Maß an Wissen, Erfahrung und Aufwand an Zeit, dem auch durch ein entsprechendes Arzthonorar Rechnung getragen werden muß. – Sicher gibt es vor allem bei akuten Krankheiten Fälle, für die schnell das Medikament gefunden werden kann. Häufig dauert aber die Befragung des Patienten wesentlich länger, so daß das angemessene ärztliche Honorar wohl den teuersten Teil bei der homöopathischen Behandlung ausmacht. Zum Wohle des Patienten meinen wir, sollte die eingehende Fallaufnahme, wie sie in der Homöopathie gelehrt wird, auch bei anderen Behandlungsmethoden gepflegt werden. Leider wird heute oft der Rang der ärztlichen Leistungen gegenüber den Kosten für die Arzneimittel oder den technischen Leistungen nicht gebührend anerkannt. Von der Homöopathie her könnte hier eine wichtige Anregung für die gesamte Medizin gegeben werden.

Das *Adonisröschen (Adonis vernalis)* ist ein wertvolles Mittel im homöopathischen Arzneischatz. Die frische Pflanze wird zur Urtinktur verarbeitet.

VIII Für die Homöopathie

In den 170 Jahren ihres Bestehens war die Homöopathie von den Gegnern nur zu oft schon totgesagt worden. Und trotz der vielen Angriffe gegen die Lehre *Hahnemanns* hat sie sich behaupten können. Mehr noch, die Zahl derjenigen, die sich für die Homöopathie aussprechen, nimmt stetig zu.

Das Ergebnis zweier Umfragen bestätigt es. In verschiedenen Gebieten wurden frei praktizierende Ärzte befragt. Dabei ergab sich, daß etwa die Hälfte von ihnen grundsätzlich auch homöopathische Arzneimittel verordnet. Im Rahmen der Gesamtmedizin mit den verschiedensten Therapiemöglichkeiten hat sich also die Homöopathie einen festen Platz erobert.Gerade dem Praktiker erweist sie sich immer wieder als außerordentlich nützlich.

Die Ausbildung zum homöopathischen Arzt erfolgt nach Abschluß des medizinischen Universitätsstudiums. Verschiedene Kurse sowie eine mehrere Monate dauernde praktische Ausbildung sind notwendig, um Grundkenntnisse der homöopathischen Medizin zu erlernen. Mehrmals jährlich finden zusätzliche Fortbildungsveranstaltungen statt.

Kaum geringere Bedeutung kann folgendem Resultat einer Befragung zugesprochen werden: Im Durchschnitt nehmen (regelmäßig oder gelegentlich) mehr als 50% der über 60jährigen Patienten homöopathische und/oder biologische Arzneimittel ein. Allem Anschein nach vermag die Homöopathie ihre derzeitige Position weiter auszubauen und zu verstärken. Die Nachfrage der Patienten nach homöopathischen Mitteln ist ein deutlicher Hinweis auf den Wunsch nach ungefährlichen bzw. unschädlichen Medikamenten.

Schon seit jeher haben sich weite Kreise in der Bevölkerung sehr für die Homöopathie eingesetzt. Nicht umsonst wurde der homöopathische Arzneischatz auch mit Mitteln aus der Volksheilkunde bereichert. In vielen Familien ist es üblich, leichtere Erkrankungen mit Homöopathika selbst zu behandeln. Eine gute Anleitung dafür bieten die Gesundheitsvereine, die ihren Mitgliedern lehrreiche Vorträge und Veranstaltungen anbieten. Daß es im süddeutschen Raum speziell die homöopathischen Laienvereine gibt, dürfte besonders interessieren. Um auch zu erfahren wo sich ein homöopathisch behandelnder Arzt befindet, sollte der Patient sich an seinen Apotheker wenden.

Heute kann man – ohne zu übertreiben – von einer weltweiten Verbreitung der homöopathischen Medizin sprechen. Verfolgt man entsprechende Berichte, tauchen die Namen zahlreicher europäischer und außereuropäischer Länder auf. So wird derzeit in Indien viel dazu beigetragen, um die wissenschaftlichen Grundlagen weiter zu sichern. Die homöopathischen Institutionen erhalten sogar finanzielle Unterstützung seitens der Regierung. Selbst in Ländern Südamerikas steigt die Zahl von Ärzten, welche Homöopathie betreiben.

Eine Behandlung mit homöopathischen Mitteln eignet sich gleichermaßen für chronische und akute Leiden. Der Vorwurf, daß Homöopathika nur langsam wirken und deshalb im akuten Stadium einer Krankheit nicht angezeigt seien, ist nicht richtig. Vielmehr hat die Homöopathie eine große Anzahl von Arzneien bereit, die sich in solchen Situationen gut bewährt haben.

Zum anderen vermögen die homöopathischen Medikamente häufig dort noch etwas auszurichten, wo andere Therapiearten versagten. Dies gilt für alte, chronische Fälle, wo eine Heilung oder doch zumindest eine Linderung herbeigeführt werden kann.

Dabei sei nochmals darauf hingewisen: Jede Art von Therapie hat ihre naturgemäßen Grenzen. Daß solches auch für die homöopathische Medizin zutrifft, soll gar nicht verschwiegen werden. Würde jemand versuchen, bei einem Magendurchbruch von der Operation abzuraten und zu einem Homöopathikum greifen – er hätte das Prinzip *Hahnemanns* gründlich mißverstanden.

Die Arzneimittelsicherheit entwickelt sich mehr und mehr zu einem entscheidenden Faktor. Die Homöopathie leistet hierzu einen wesentlichen Beitrag.

Kontraindikationen, also Symptome, bei denen ein Medikament nicht angewendet werden darf, gibt es für homöopathische Arzneien nicht. Treten beispielsweise während einer Schwangerschaft Krankheiten auf, ist man gezwungen, auf nicht-chemische Mittel zurückzugreifen. Gleiches gilt für die Behandlung von Säuglingen und von Patienten, die auf synthetische Medikamente überempfindlich reagieren (Allergien). *Nebenwirkungen* und *Überdosierungen* – häufig Ursache schwerwiegender Schäden für den Organismus – sind Begriffe, die der Homöopathie völlig fremd sind.

Die Krankenkassen bezahlen eine Behandlung mit homöopathischen Medikamenten, sofern sie vom Kassenarzt verordnet werden. Daß der Preis einer Arznei nicht von deren Wirksamkeit abhängt, sollte nochmals erwähnt werden.

Solange die Homöopathie besteht – an ihren Leitsätzen hat sich nichts geändert. Sie bilden ein Fundament, das

Samuel Hahnemann geschaffen hat. Neue Erkenntnisse, gepaart mit praktischen Erfahrungen, tragen zur weiteren Festigung der Lehre bei.

Mancherorts steht man der Homöopathie noch mit gewisser Skepsis gegenüber. Doch gerade jene Skeptiker sollten einmal einen Versuch unternehmen, denn letztlich – und dies muß deutlich gesagt werden – spricht der Erfolg für die Homöopathie.

IX Sachregister